MICHEL SARRAZIN

Médecin et botaniste en Nouvelle-France

MICHEL SARRAZIN

Médecin et botaniste en Nouvelle-France

Direction éditoriale : Angèle Delaunois
Édition électronique : Hélène Meunier
Révision linguistique : Jocelyne Vézina
Éditrice adjointe : Rhéa Dufresne

Illustration de la couverture : Sybiline
Illustrations intérieures : Daniela Zekina

Collection Bonjour l'histoire n° 5
Dépôt légal : 3e trimestre 2012
Bibliothèque nationale du Québec
Bibliothèque nationale du Canada
Catalogage avant publication de Bibliothèque et Archives Canada

Gagnon, Cécile, 1936-

Michel Sarrazin, médecin et botaniste en Nouvelle-France
(Bonjour l'histoire ; 5)
Comprend des réf. bibliogr. et un index.
Pour les jeunes de 10 à 12 ans.
ISBN 978-2-923234-85-4

1. Sarrazin, Michel, 1659-1734 - Romans, nouvelles, etc. pour la jeunesse. I. Bergeron, Emmanuelle, 1969- . II. Titre. III. Collection: Bonjour l'histoire ; 5.

PS8513.A345M52 2012 jC843'.54 C2012-941918-4
PS9513.A345M52 2012

Les Éditions de l'Isatis Inc. bénéficient du soutien financier des institutions suivantes pour leurs activités d'édition :

- le Conseil des Arts du Canada,
- le Gouvernement du Canada par l'entremise du Programme d'aide au développement de l'industrie de l'édition (PADIÉ),
- la Société de développement des entreprises culturelles du Québec (SODEC),
- le Gouvernement du Québec par l'entremise du programme de crédit d'impôt pour l'édition de livres.

Conseil des Arts du Canada Canada Council for the Arts

SODEC Québec

ASSOCIATION NATIONALE DES ÉDITEURS DE LIVRES

Cécile Gagnon
Emmanuelle Bergeron

MICHEL SARRAZIN

Médecin et botaniste en Nouvelle-France

Éditions de l'Isatis
4829, avenue Victoria
Montréal (Québec) H3W 2M9
www.editionsdelisatis.com

* Les mots d'époque suivis d'un astérisque sont expliqués dans le glossaire du dossier Michel Sarrazin.

Fiche d'activités pédagogiques téléchargeable gratuitement depuis le site **www.editionsdelisatis.com**

À tous ceux qui aiment
à se promener dans les prés et les bois
sachant que « se pencher sur les fleurs,
c'est sentir la profondeur de son ignorance ».

Jacques Rousseau (1941)

Chapitre 1

LE PREMIER VOYAGE

Nous sommes en 1685. Sur le fleuve Saint-Laurent, en vue de Québec, un voilier s'approche : c'est La Diligente. À son bord se trouve un jeune chirurgien* militaire de vingt-six ans, Michel Sarrazin. Il a très hâte de connaître cette Nouvelle-France dont on parle beaucoup.

À cette époque, être chirurgien voulait dire savoir tailler les cheveux et les barbes et panser les blessures en plus d'administrer des potions que préparaient les apothicaires* selon les douleurs ressenties par les malades. La plupart du temps, ces potions et baumes se préparaient avec des plantes venues de France. Dès son arrivée, le jeune Michel s'active sans compter dans sa nouvelle ville, tentant de soigner les blessures et les maladies des militaires et des civils.

Le gouverneur* de Nouvelle-France, le Marquis de Denonville, remarque ce jeune homme qui semble sérieux et déterminé. Il le fait venir à sa résidence, le château Saint-Louis. Michel Sarrazin prévoit retourner en France bientôt, mais le gouverneur le surprend en lui disant :

— Monsieur le chirurgien, vous avez bien soigné nos soldats atteints de la petite vérole*. Je vous ai vu à l'œuvre. J'entreprends un voyage au pays des Indiens des Grands Lacs. J'ai besoin d'un chirurgien en chef pour m'accompagner lors de cette expédition. Je vous demande d'accepter d'être des nôtres.

Enchanté de cet honneur, le jeune homme ne réfléchit pas longtemps. Il accepte aussitôt le poste qu'on lui propose. Il a soif de découvrir de nouveaux espaces, mais il est quand même un peu inquiet. Il faudra voyager en canot sur les rivières et faire de longs portages*. Il confie ses appréhensions à son nouvel ami, Jean-Baptiste Franquelin, cartographe* du roi, qui a déjà fait plusieurs expéditions avec Louis Jolliet. Celui-ci le rassure et l'encourage en lui décrivant des paysages alléchants et certains arbres splendides qui croissent en territoire iroquois.

Cependant, il s'agit d'une expédition guerrière. On projette d'aller chez les Tsonnontouans* ou Sénécas qui contrôlent à l'ouest le trafic des fourrures. Le sieur Sarrazin se met aux préparatifs. Il rassemble tout ce qui est nécessaire pour soigner les troupes du marquis. Poudres, huiles essentielles de laurier, de lis et de rose ; aussi des bistouris, des seringues, des sirops et des onguents sans oublier les bandages et de vieilles toiles pour servir de pansements. Tout cela est bien rangé dans des coffres de bois solides qui ne craignent pas les voyages.

Sarrazin se procure aussi un carnet recouvert de basane* dans lequel il compte noter toutes ses découvertes. Depuis son arrivée à Québec, il n'a pas eu beaucoup le loisir de consulter les nouveaux recueils sur les plantes du Canada. Durant toute son enfance, passée autour de l'abbaye de Cîteaux, il a accompagné son père pour cueillir des plantes. Avec lui, il a développé l'art de distinguer les herbes utiles, les plantes qui donnent des démangeaisons comme les orties, et celles qui ont des propriétés purgatives. Il a gardé ce goût d'herboriser* et sa curiosité lui a déjà fait découvrir quelques nouveautés en cette terre de Canada. Il se dit qu'il retrouvera avec joie cette passion des plantes lors de ce nouveau voyage.

N'ayant pas encore de famille ni d'amoureuse, il quitte Québec sans chagrin et plutôt rempli d'enthousiasme et d'exaltation.

Chapitre 2

UN ESPRIT OUVERT

L'expédition se déroule bien malgré quelques escarmouches. Parmi les accompagnateurs, il y a plusieurs Amérindiens, des Hurons et des Abénaquis, amis des Français. Michel Sarrazin s'empresse de les côtoyer, surtout l'un d'eux, un Huron portant le prénom français de Charles qu'il a reçu à son baptême. Charles propose au jeune militaire de l'amener à la chasse et à la pêche. En vrai curieux, Michel profite de ces moments pour observer tout ce qui l'entoure, les arbres, les plantes et les bêtes qu'il croise. Il reporte ses observations dans son cahier.

Au bord du lac Ontario, Charles lui révèle les propriétés de certaines plantes inconnues des Français et que sa tribu utilise. Michel est émerveillé par le discours de cet homme qui lui dévoile toute une façon de voir la vie en se référant à des croyances particulières relatives aux esprits qui veillent sur les hommes. Le jeune chirurgien constate qu'il y a beaucoup à apprendre de ces nations dites «sauvages» qui entretiennent un rapport étroit avec la nature. Leurs méthodes pour soigner certaines maladies s'avèrent très efficaces.

Grâce à son esprit vif et à sa soif de connaissances, Michel s'intéresse à tout ce qui l'entoure. En plus de prendre note de ses découvertes, il enfouit dans sa besace* une foule d'herbes, de plantes et même de cailloux. Rien de ce qu'il voit ne lui est indifférent.

Le but du voyage est de montrer aux Iroquois que la Nouvelle-France entend rester maîtresse du commerce des fourrures avec les Amérindiens venant de l'Ouest. De multiples palabres* entre le gouverneur et les chefs iroquois, lors d'interminables cérémonies, finissent par déboucher sur une trêve dans les hostilités. Mais comme le constate le sieur Sarrazin, rien n'est jamais gagné avec ces gens.

De retour à Québec, il met en ordre ses trésors, examine les plantes, les classifie, les compare et en fait des descriptions précises. Il envoie plusieurs échantillons en France.

Michel est de plus en plus heureux de vivre dans un milieu riche en découvertes. La campagne voisine de la jolie ville de Québec, au bord du fleuve Saint-Laurent, regorge d'une faune et d'une flore toute nouvelle pour lui. Il délaisse le plus souvent possible les dîners et les aspects mondains de la vie en colonie, mais à cause de son titre de chirurgien du roi, il doit quand même parfois s'y soumettre.

Lors d'une rencontre dans une auberge avec de jeunes hommes comme lui, son ami Louis Jolliet lui dit :

— Michel, pourquoi n'iriez-vous pas en France parfaire vos études et devenir médecin ? Vous savez combien l'absence d'un médecin ici, en Nouvelle-France, nous pèse.

Les autres convives se mettent de la partie.

— En effet, Michel, nous aurions bien besoin de vous, déclare son ami Franquelin, le cartographe.

Le jeune homme se sent interpellé. Il proteste :

— Mais j'aime ce pays ! J'aime Québec.

— Vous aurez ici un piètre avenir en tant que simple chirurgien, poursuit Jean-Baptiste Franquelin.

— Pensez-y, répète son ami Jolliet. Vous reviendrez avec un diplôme de médecin. Et vous serez mieux estimé en plus de sauver des vies.

Le sieur Sarrazin est secoué par ces paroles. Les conseils insistants de ses amis demandent réflexion.

— Ce sont les plantes et les animaux d'ici qui m'intéressent.

Soigner les hommes, c'est une tout autre affaire, finit par balbutier l'interpellé.

— L'un n'empêche pas l'autre ! déclare Louis Jolliet avec assurance.

Chapitre 3

AUX ÉTUDES

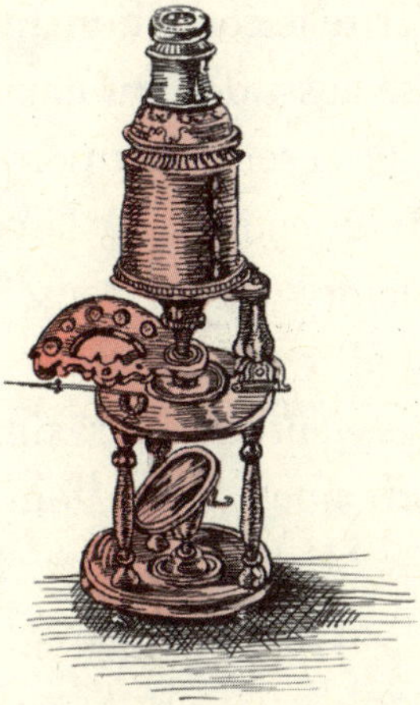

Michel finit par se rendre aux conseils de ses amis et collègues. En 1694, il retourne en France. Son objectif : recevoir une formation de médecin pour ensuite revenir à Québec.

À cette époque, en Europe, de nouvelles découvertes sur la circulation du sang provoquent des querelles entre les savants. Le développement récent du microscope* permet d'observer les bactéries et les cellules. Ce tout nouvel instrument bouleverse les conceptions de l'heure et remet en question le fonctionnement du corps humain et, par conséquent, le traitement des maladies.

Le jeune homme fait une visite à la Sorbonne*. Il y rencontre ceux qui dispensent les cours en latin. Ce sont des maîtres à perruques, entourés des vieux livres. À sa grande surprise, ceux-ci demeurent fidèles aux enseignements traditionnels et sont même tout à fait réfractaires aux nouvelles façons de décrire le corps humain. Dans cette grande école, Michel croise aussi des étudiants habillés de noir, à la mine sévère. Ceux-ci semblent porter plus d'attention à l'éloquence de leur discours qu'à la compréhension de la science de la médecine. Michel pense avec regret à la joie qu'il avait de cueillir des plantes en compagnie des Amérindiens qui savent soigner simplement. Avec les docteurs de la Sorbonne, on est loin de la pratique des soins. Découragé, Michel part visiter sa famille en Bourgogne où on l'interroge sur ses projets.

— Michel, tu vas donc rejoindre les élèves de la Sorbonne? s'enquiert le père Abbé du monastère de Cîteaux, l'ami de son père.

— Que puis-je faire d'autre? se désole le jeune homme.

— C'est très facile : va te faire instruire par un vrai savant, mon ami le Dr Gui Fagon.

— Où le trouverai-je?

— Il enseigne au Jardin du Roy, à Paris. C'est un habile anatomiste*, un botaniste* et il aime soigner par les plantes.

Encouragé par ces paroles, Michel retourne à Paris et se rend à l'endroit indiqué par le père Abbé. Il traverse d'abord l'immense jardin bien organisé où poussent des centaines d'espèces végétales : fleurs, arbustes et arbres exotiques. Les salles de cours avec de grandes fenêtres sont équipées de profondes armoires qui regorgent d'échantillons de plantes, de roches, de squelettes et de bocaux de toutes sortes. L'endroit plaît aussitôt à Michel.

C'est ici qu'il passera ses prochaines années.

Le Dr Fagon a été nommé par le roi Louis XIV pour enseigner l'art de guérir aux futurs médecins. Tous les étudiants reçoivent aussi une formation sur la biologie des plantes et des animaux. Michel se réjouit particulièrement de l'enseignement des vertus des plantes médicinales, donné par le maître botaniste Joseph Pitton de Tournefort.

Chaque semaine, le nouvel étudiant parcourt les allées du Jardin du Roy à la suite du botaniste pour l'entendre discourir sur les propriétés des plantes, des plus exotiques aux plus simples, comme le bouton d'or ou la marguerite. Il boit ses paroles.

— On retrouve dans la nature tout ce qu'il faut pour se soigner, explique le professeur. Voyez les feuilles de cette jolie fleur violacée. On l'appelle la pulmonaire puisque sa forme rappelle celle des poumons. On en fait une tisane pour soigner les maladies respiratoires.

— En Nouvelle-France, les Sauvages* fabriquent un sirop à partir de la capillaire, une sorte de fougère qui pousse dans les sous-bois. Ses effets calmants sont presque instantanés sur les poumons, ajoute Michel.

— Ah ! comme je rêve de traverser un jour en Amérique et de découvrir les plantes de ces immenses forêts ! s'exclame le professeur. Je suis certain qu'elles recèlent encore des secrets bien gardés tels celui du cèdre blanc* qui a guéri du scorbut les marins de Jacques Cartier.

Michel a peu de temps pour se promener dans la campagne et cueillir des plantes pour ajouter à ses collections. Il y a tellement à faire. À l'occasion, il accompagne tout de même son professeur dans ses promenades matinales aux abords de la Seine.

— Qu'aperçois-je sur la berge ? observe un jour Michel.

— Un vulgaire rat d'eau, mort noyé sans doute, dit Joseph.

— Cela me rappelle les rats musqués que j'ai observés et disséqués en Nouvelle-France. Ce sont des bêtes fort intéressantes.

Sous le regard étonné de son compatriote, Michel enveloppe délicatement l'animal dans un linge et l'enfouit dans sa besace. Il se promet de l'apporter au laboratoire et d'en faire la comparaison anatomique avec son cousin américain.

Joseph Pitton de Tournefort est fasciné par la curiosité constante de Michel et ses connaissances acquises dans le Nouveau Monde.

En plus de sa formation au Jardin du Roy, Michel passe plusieurs heures à l'Hôtel-Dieu de Paris pour assister les médecins dans les soins des patients. Un autre docteur, Pierre Dionis, enseigne la chirurgie, cette fois dans le sens de manier le bistouri*.

— Tout le savoir-faire d'un bon médecin réside dans sa dextérité et sa rapidité, explique-t-il.

Comme Michel a déjà plusieurs années d'expérience, il apprend vite et il donne parfois de judicieux conseils à ses collègues. Au bout de quatre ans, il est prêt à passer son examen final. Il se rend à Reims où il obtient son diplôme. Enfin, on peut l'appeler monsieur le Docteur !

Chapitre 4

UNE PLANTE NOUVELLE

La traversée sur le navire La Gironde ne se déroule pas sans péripéties. En effet, une épidémie* se déclare à bord ; les marins en sont atteints de même qu'un passager de grand prestige, l'évêque de Québec, Mgr de Saint-Vallier. S'agit-il d'une maladie mortelle ? Des taches rouges apparaissent sur la peau des malades. On pense à la fièvre pourprée. Michel en est atteint, mais grâce à son art, il réussit à sauver les malades, l'évêque et lui-même.

Il se sent encore affaibli quand il s'installe à Québec, sur la rue Saint-Pierre. Il est le seul médecin de la ville. Le heurtoir* de sa porte ne cesse de battre, le conviant au chevet des malades. En outre, il se rend tous les jours à l'Hôtel-Dieu, un hôpital fondé en 1646 par les religieuses Hospitalières qui est le premier hôpital en Amérique. Il a beau recommander des mesures de prévention et d'hygiène pour empêcher la prolifération des maladies contagieuses*, l'ordre d'instituer une quarantaine* aux vaisseaux abordant la ville n'a pas reçu l'aval du roi.

Le docteur Sarrazin a fort à faire. Vêtu de noir, on le voit partout, trottant d'une maison bourgeoise à une masure*, son sac noir à la main. Il finit par interpeller l'Intendant* Champigny.

— Monsieur l'Intendant, implore-t-il, le mal arrive des navires. Je vous prie d'instaurer une quarantaine pour les bateaux arrivant à Québec.

— Je n'ai encore reçu aucun ordre de Paris pour obliger les capitaines à suivre vos judicieux conseils.

— Alors nous continuerons à souffrir de maladies incurables* ! s'emporte le médecin. Selon l'évêque, les seuls remèdes à ces fléaux sont les prières et les pénitences. Foutaise !

À cette époque, la Nouvelle-France est entièrement sujette aux ordres venant de France. Michel se sent donc impuissant à trouver des solutions pour enrayer les épidémies de fièvre jaune* et de petite vérole. Aussi, dès qu'il le peut, il se remet à herboriser pour oublier ses frustrations. Il retrouve son ami huron, Charles, avec lequel il arpente les prairies de l'île d'Orléans.

Le médecin note tout dans son carnet. Un jour, il tombe sur une plante étrange qu'il n'a encore jamais observée :

une délicate fleur rouge couleur de vin, avec de grandes feuilles enroulées sur elles-mêmes qui font comme un cornet. Au fond de ces feuilles, des insectes morts flottent dans un liquide clair. Michel est enthousiaste.

— Charles, viens voir ! crie-t-il.

— Ah ! je connais cette plante. Ici on l'appelle oreille de cochon ! s'exclame le Huron.

— On l'utilise pour soigner?

— Certainement. Chez les miens, on en tire un remède pour guérir ce que vous appelez la petite vérole.

Le docteur Sarrazin est enchanté de cette découverte. Il déterre un spécimen et l'enfouit avec précaution dans sa besace. En retournant vers la ville, il se remémore le nom des plantes carnivores* qu'il a déjà observées en France. Celle-ci doit faire partie de la famille des Drosera, pense-t-il. Il a hâte de mieux l'observer et de fouiller dans ses livres. Et il espère trouver le moyen d'informer son maître, Joseph Pitton de Tournefort, des étranges propriétés de cette «oreille de cochon».

Justement, un navire arrive de France. Tandis que le docteur Sarrazin prépare des emballages fragiles à destination du Jardin du Roy, le commandant lui remet un paquet de lettres. L'une d'elles, frappée d'un sceau de cire rouge, annonce au jeune homme que le roi le nomme «Médecin du Roy» pour toute la Nouvelle-France.

Ce jour-là est une journée de réjouissances. Par ce brevet, Michel Sarrazin devient non seulement un homme important de la colonie, mais ses appointements* augmentent sensiblement. Par contre, ses tâches déjà nombreuses se multiplient. En plus de surveiller les soignantes, les apothicaires et les sages-femmes et de distribuer les certificats de compétence aux chirurgiens-barbiers, il lui faut aussi pratiquer des autopsies*.

Lorsque le navire repart vers la France, il apporte à Joseph Pitton de Tournefort au Jardin du Roy les pages d'herbier* qu'il a préparées et l'étrange plante carnivore trouvée à l'île d'Orléans.

Quelque temps plus tard, une religieuse vient le consulter. Elle a une bosse sur un sein qui l'inquiète. Le docteur Sarrazin l'examine et décèle une tumeur qu'il estime cancéreuse. Comment soigner cette femme dans la force de l'âge ? Il n'y a qu'une seule solution.

— Je suis prêt à vous enlever cette tumeur, annonce-t-il avec beaucoup de précautions à la religieuse.

— Ma vie est entre les mains du Seigneur, réplique-t-elle. Je vous autorise à m'opérer.

En ce temps-là, on ne savait pas faire une anesthésie* pour endormir la douleur que pouvait ressentir la personne qu'on allait opérer. Alors, le docteur Sarrazin fait boire à la patiente, Marie Barbier de l'Assomption, un mélange de vin et de laudanum*. L'opération est un succès.

La religieuse vécut de nombreuses années après cette intervention qui rendit le docteur Sarrazin célèbre. Ce fut la première opération de ce genre jamais pratiquée en Amérique.

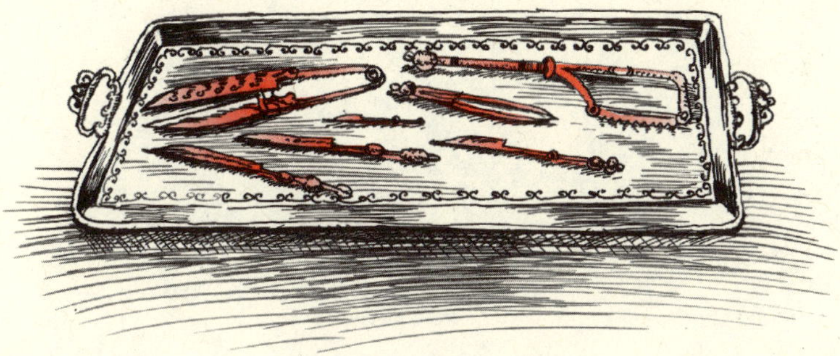

Chapitre 5

UNE FRIANDISE À L'ÉRABLE

Dans les hauteurs de Québec, dominant le fleuve Saint-Laurent, habitent les autorités administratives, l'évêque, les religieux, le gouverneur et les commerçants enrichis. Tous font construire leurs résidences dans la haute ville. Fier de sa notoriété acquise au fil des ans, le docteur du roi les rejoint et s'installe sur la rue Saint-Louis où l'accueille une grande maison avec un jardin.

Il fait aménager la maison selon ses besoins : le rez-de-chaussée garde une place privilégiée pour les herbiers et les boîtes vitrées contenant toutes sortes d'insectes. Il s'y trouve même des cages pour y mettre des animaux vivants. Il y a des rayonnages pour les livres et une table de dissection*. Dans le jardin, le docteur fait transplanter des herbes et des plants repiqués des berges du fleuve et des forêts voisines. C'est une drôle de maison… une maison pour un savant célibataire et pas très adaptée à la vie conventionnelle d'une famille.

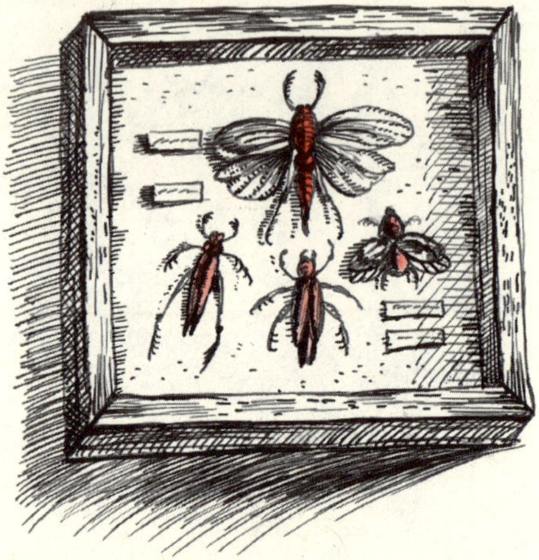

Malgré ses nombreuses activités, monsieur le docteur Sarrazin ne délaisse pas les plaisirs et les amitiés. Il se remet à herboriser ; il assiste aussi à des réceptions chez le nouveau gouverneur, le marquis Philippe Rigaud de Vaudreuil, avec lequel il s'entend fort bien. En outre, avec les deux intendants, Jacques et Antoine Raudot, il discute souvent de la santé publique et des moyens à prendre pour l'améliorer. Ensemble, ces hommes instaurent des règlements pour la population : celui de ramasser les immondices* dans les rues, celui encore de construire des latrines* pour chaque famille. Reconnaissant la valeur des innovations proposées par le praticien pour la salubrité dans la colonie, les intendants invitent le médecin à devenir membre du Conseil supérieur. Ce conseil, regroupant douze membres nommés par le roi, est comme une petite cour chargée de faire appliquer les décrets royaux et de régler les conflits entre les colons. C'est un grand honneur que de faire partie de ce cercle restreint.

Michel Sarrazin finit par succomber aux demandes et devient membre du conseil. Il se lie d'amitié avec l'un d'eux, François Hazeur, un riche commerçant de fourrures. Celui-ci a une fille, Marie-Anne, dont Michel fait la connaissance lors de visites chez son ami, veuf.

Avant les grands froids de l'hiver, la navigation sur le Saint-Laurent est très active. Venant de France, un autre navire accoste à Québec, porteur d'un message exaltant pour Michel. Une missive du professeur Joseph Pitton de Tournefort annonce au médecin que la plante carnivore qu'il lui avait envoyée avec une description détaillée est officiellement nommée SARRACÉNIE POURPRE, un dérivé du nom de celui qui l'a découverte : Sarrazin. Cette nouvelle espèce s'ajoute à la liste de plus de deux cents plantes du *Catalogue des plantes du Canada* publié par l'Académie des sciences de Paris. C'est tout un honneur. Michel ressent une grande fierté de voir son nom ainsi honoré. À qui va-t-il annoncer cette importante nouvelle en premier ? Il se précipite vers la ville basse où les Hazeur occupent une belle maison de pierres en face du buste de Louis XIV contrairement à ses confrères fortunés habitant la haute ville.

Ce n'est pas seulement pour parler à son ami François de cet honneur qui lui échoit, mais aussi pour lui annoncer :

— Je pars pour la France ; j'emporte avec moi les nouvelles études que j'ai faites sur l'érable à sucre. Je vais retrouver mon maître au Jardin du Roy.

— Et vous reviendrez bientôt? l'interroge François Hazeur.

— Bien sûr.

En disant ces mots, Michel coule un regard vers la jeune demoiselle assise au salon devant lui ; son visage est devenu rouge. Chagrin? Déception ?

Le médecin lui dit :

— Mademoiselle, je serai très heureux de vous retrouver à mon retour. Ne m'oubliez pas.

— Je serai là, dit Marie-Anne en souriant timidement.

Le père avait bien remarqué l'attitude de son ami devant sa fille. Il est vrai que Michel est toujours célibataire à plus de cinquante ans. François Hazeur croit que ce serait bien dommage qu'il se trouve une épouse lors de ce voyage en France. Selon lui, il lui faut une femme habituée au pays.

Avant le départ du médecin, François Hazeur convie à un somptueux repas les membres du conseil et leurs épouses. Même le gouverneur est invité, afin que tous puissent féliciter monsieur Sarrazin et lui manifester leur amitié et leur désir de le revoir au plus vite. Une colonie prospère ne peut rester sans médecin, font-ils valoir.

Marie-Anne est présente à ce repas. Monsieur Hazeur se réjouit de voir sa fille intéressée par le moindre discours du docteur Sarrazin. Ils échangent quelques propos sur le cuisseau de cerf qu'ils dégustent avec appétit et se délectent du dessert préparé avec du sirop d'érable, que certains ne connaissent pas encore.

— Encore une trouvaille de notre ami Sarrazin ! s'exclame M. Hazeur.

— Heureusement que lui, il sait parler aux Sauvages ! s'écrie monsieur le Gouverneur de façon enjouée. Il sait apprendre d'eux le secret des plantes dont l'intérêt échappe au commun des mortels.

En effet, c'est en voyant les Amérindiens recueillir la sève des érables au printemps que le docteur a appris comment transformer ce liquide en sucre et en sirop.

— Absolument délicieux, murmure Marie-Anne. Penser que c'est un arbre qui produit un tel délice, c'est prodigieux !

Chapitre 6

UN HABILE JARDINIER

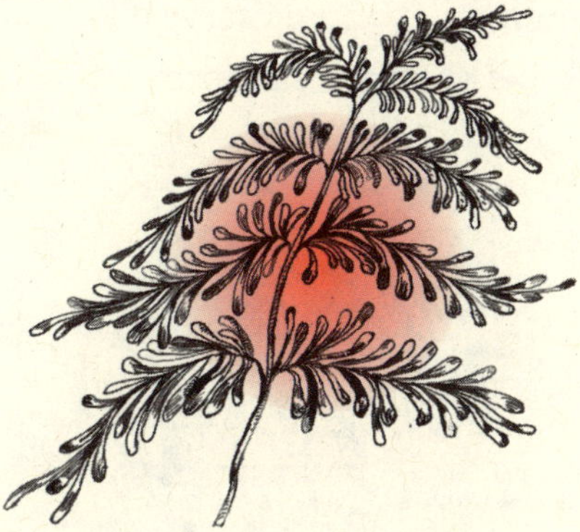

Dès son arrivée en France, le docteur Sarrazin apprend une bien triste nouvelle : Joseph Pitton de Tournefort, son maître tant admiré, est décédé depuis un an. Un accident stupide. Alors qu'il transportait une boîte de plantes précieuses du Jardin du Roy, une charrette l'a renversé et l'a écrasé contre un mur. Cet homme encore jeune, qui détenait une chaire de médecine et de botanique, a succombé à ses blessures quelques jours plus tard.

Michel ressent un profond chagrin de cette disparition. Heureusement, le bibliothécaire du roi, l'abbé Bignon, appuie l'ancien élève Sarrazin dans ses recherches tout en l'incitant à lui envoyer tous les spécimens de plantes nouvelles du Canada qu'il trouvera.

Sans doute à cause de son ardeur au travail, la santé du médecin est chancelante. Il profite de son séjour en France pour suivre une cure de trois mois dans un village réputé pour ses eaux pures et riches en fer : Forges-les-Eaux. Ce genre de soins était à l'époque réservé à la Cour et la haute bourgeoisie. Michel recouvre sa santé.

Loin de penser à demeurer en France, il songe plus d'une fois avec nostalgie à la vie qu'il mène à Québec. Dans son souvenir, le beau visage de Marie-Anne Hazeur revient souvent et son cœur se serre à la pensée qu'elle a peut-être convolé en justes noces pendant sa longue absence. Malgré ses intérêts dans de nombreux domaines et ses travaux de recherche qui le maintiennent en effervescence, il sent qu'il est parvenu à un âge où il devrait fonder une famille.

Après une année passée en France, Michel reprend le chemin de la Nouvelle-France. Il arrive à Québec au moment où sévit une terrible épidémie de fièvre jaune, qu'on appelle «le mal de Siam». Il y a des centaines de morts. À l'Hôtel-Dieu, on raconte que c'est le navire La Belle Brune, arrivé en juillet en provenance des Antilles, qui a apporté ce mal terrible. Six religieuses qui œuvraient au chevet des malades en sont déjà mortes. Plus de vingt-cinq sont atteintes de violentes fièvres depuis trois semaines. Sarrazin est horrifié de constater que les cadavres deviennent noirs comme du charbon une fois que les malades ont rendu l'âme. Hélas, il n'y a aucun remède à ce mystérieux mal venu des pays chauds. On ne peut qu'apaiser la fièvre. Ce à quoi s'emploie sans relâche le docteur Sarrazin. Seuls les grands froids de l'hiver semblent faire fuir la maladie.

La vie de la colonie suit son cours, Michel court toujours par monts et par vaux pour soigner des malades ou débusquer de nouvelles plantes, son esprit curieux toujours en éveil. Au fond de son jardin, il a réservé une petite parcelle qu'il cultive avec attention.

Le blé qu'il a fait venir de Suède est adapté au climat de l'Amérique. L'été venu, il en récolte les grains et produit même un plein sac de farine soi-disant très nutritive. Il note minutieusement ses observations dans ses carnets. « Ce blé d'hiver a un meilleur rendement que le blé utilisé par nos cultivateurs. Il faudra que j'en parle à l'Intendant », note-t-il. Il a peu de temps libre.

Sa relation avec Marie-Anne Hazeur l'occupe aussi beaucoup. Michel finit par la courtiser en bonne et due forme.

Il a cinquante-trois ans. On célèbre leur mariage à Montréal, car le père de Marie-Anne étant décédé, elle s'est réfugiée chez son frère qui y demeure.

Cette belle jeune fille de vingt ans lui apporte en dot deux seigneuries, des terres et une petite fortune. Michel se sent enfin à l'abri du besoin, car son salaire de médecin du roi n'a pas augmenté depuis longtemps.

Bientôt naît le premier fils des Sarrazin, Joseph-Michel. Six naissances suivront au fil des ans. Dorénavant, le médecin, qui avance en âge, a une famille à faire vivre. Ses excursions dans les champs et les forêts des alentours de Québec se font plus rares. En outre, il doit faire de nombreux voyages jusqu'à Montréal où le soin des malades lui incombe. Toutefois, Michel est astucieux ; il développe autour de lui tout un réseau de colporteurs : militaires, coureurs des bois, explorateurs et Amérindiens qui lui fournissent tout ce dont il a besoin. Malgré tout, son emploi du temps est toujours aussi trépidant.

Un matin d'octobre 1727, le docteur Sarrazin reçoit un paquet en provenance de l'Académie royale des sciences de

Paris. Depuis quelque temps, lorsqu'il n'est pas au chevet des malades, Michel passe ses soirées à disséquer minutieusement un castor et à décrire ses parties internes. Il a envoyé à René Antoine Ferchault de Réaumur*, son nouveau correspondant scientifique, de nombreuses planches à dessin et un épais document avec la description précise de l'animal. Voilà que celui-ci lui fait cadeau d'une nouvelle loupe, plus puissante encore que celle qu'il a empruntée aux pères Jésuites*. Michel sera maintenant mieux équipé pour continuer son travail en profondeur. Il se promet de poursuivre aussi ses descriptions du rat musqué, du porc-épic et de la mouffette, des bêtes très peu connues en France.

Michel est fasciné par les nombreux usages qu'on peut tirer du castor. L'animal est surtout recherché pour sa fourrure. Cependant, comme le lui a enseigné son ami Charles, le Huron, Michel recommande aussi à ses malades de consommer sa viande, qui a un effet guérisseur. À partir des rognons, séchés et broyés, les apothicaires fabriquent la poudre de castor. Conservé dans des bocaux de verre, ce remède sert à redonner du tonus et de la vigueur à ceux qui dépérissent. Le castoréum, un liquide huileux qui s'échappe des glandes situées sous la queue de l'animal, sert à soigner certaines maladies mentales, comme l'épilepsie et les crises d'hystérie.

Chapitre 7

UN ZOOLOGISTE À TEMPS PLEIN

Le docteur Sarrazin poursuit ses recherches. Même avec l'arrivée des enfants, il continue d'envoyer à l'Académie des sciences de Paris des études détaillées sur le carcajou, le porc-épic (qu'il appelle porte epy), la vache marine et le loup-marin (phoque commun). Il y joint quelques notes sur la mouffette, mais il doit interrompre ses études à cause de la puanteur exécrable de cette bête ! Ses documents comportent des dessins montrant les organes, les muscles et le squelette des animaux, accompagnés de nombreuses descriptions de leur habitat et de leur comportement dans la nature.

Sa curiosité et son ardeur à faire avancer les connaissances scientifiques de ses contemporains est incroyable. Ses collaborateurs français publient des résumés de ses travaux dans le *Journal des Sçavans* (Journal des savants) qui fait état des nouveautés scientifiques partout en Europe. Michel fait parvenir à ses correspondants des dizaines de spécimens de plantes, dans des caisses de bois, afin que ceux-ci puissent les faire pousser dans le Jardin du Roy.

De nombreuses plantes ne survivent pas au voyage par bateau dans des cales humides et sans lumière, puis au transport en charrette jusqu'à Paris.

Toutefois, certaines espèces, parmi les plus résistantes, ayant reçu les soins recommandés par le botaniste Sarrazin, verdissent les allées du Jardin et enrichissent le savoir des scientifiques de France. Entre autres le bleuet et ses succulents petits fruits bleus qui font le bonheur des jardiniers…

Dans sa seigneurie de Grand-Étang, en Gaspésie, le fief apporté par sa femme, Michel découvre un gisement d'ardoise*. Il décide alors d'exploiter ce gisement et de monter une ardoisière qui, selon lui, pourrait fournir les ardoises pour recouvrir les toits de toutes les maisons de Nouvelle-France. Une grande ambition !

À cause du coût prohibitif du transport et comprenant que le matériau convient mal aux conditions climatiques, Michel doit abandonner son beau projet. L'entreprise fait faillite et engloutit une partie du patrimoine familial.

Malgré la soixantaine avancée, Sarrazin est toujours aussi actif et entreprenant. On peut le voir marcher dans la campagne, accompagné de son fils aîné qu'il veut initier aux merveilles curatives des plantes. Il lui enseigne à ne jamais négliger ce que la nature apporte et à faire confiance au savoir des Amérindiens qui, depuis des milliers d'années, connaissent les propriétés des plantes, des écorces d'arbres et des fruits sauvages. Joseph-Michel suivra plus tard les traces de son père en allant étudier la médecine en France.

Toute sa vie, le docteur Sarrazin se tient au courant des progrès de la science. Grâce à ses amitiés avec les scientifiques français, il poursuit ses expériences sur la guérison de certaines maladies résistantes. Il répète inlassablement à l'intendant les principes d'hygiène que la colonie, selon lui, a le devoir d'instaurer malgré les réticences de certains.

Un jour, ayant appris que le lait d'ânesse est d'un grand secours pour soigner la tuberculose* il réclame au conseil de faire venir un couple d'ânes en Nouvelle-France.

— Faites venir des ânes par le prochain navire de La Rochelle, insiste-t-il Vous verrez combien ce sera utile.

— Vous ne trouvez pas, monsieur le docteur, que votre demande est plutôt exagérée? s'écrie l'un des membres.

— Si vous étiez atteint de tuberculose, monsieur, répond Sarrazin d'un ton sans réplique, vous seriez certainement d'accord.

On peut dire que Michel Sarrazin n'a pas son pareil pour obtenir ce qu'il réclame. On n'a jamais su si les ânes sont arrivés à Québec.

***

À l'aube de sa soixante-dixième année, Michel Sarrazin se met en affaires avec un partenaire pour monter une société de pêcherie à Tadoussac, avec de grands espoirs de réussite. Une fois encore, l'entreprise périclite et le docteur Sarrazin y perd ce qui reste de sa fortune. Comme il doit mettre sa femme et ses enfants à l'abri de la pauvreté, il poursuit sans relâche ses soins aux malades.

En 1734, il attrape une fièvre maligne auprès des malades débarqués d'un vaisseau. Il meurt deux jours plus tard à l'Hôtel-Dieu de Québec. Il a 75 ans, ce qui à cette époque est un âge vénérable.

Il est inhumé en toute discrétion dans le cimetière des pauvres auprès de ceux qu'il a soignés toute sa vie. Il laisse sa femme Marie-Anne et ses quatre enfants survivants sans le sou et criblés de dettes. Consciente du travail énorme que son mari a accompli durant sa vie en Nouvelle-France, madame Sarrazin est plutôt amère devant le peu de cas que la communauté fait de sa disparition.

Sans ressources, elle écrit à l'Académie des sciences de Paris pour demander une aide financière pour la famille de celui qui lui a fourni tant d'études et d'échantillons. Cependant cette aide lui est refusée.

Fort heureusement, le temps passant, les mérites du docteur Sarrazin seront reconnus et il trouvera enfin une place de choix parmi les gloires de la colonie. Un siècle plus tard.

Chapitre 8

UN HOMME EXCEPTIONNEL

Dans le registre des morts de l'Hôtel-Dieu de Québec, en date de 1734, les religieuses de cette institution inscrivirent ces lignes au sujet du docteur Sarrazin :

«Il avait exercé son art en ce pays plus de quarante-cinq ans avec une rare charité, un parfait désintéressement, un succès extraordinaire, une adresse surprenante, une application sans égale pour toutes sortes de personnes, qui lui faisait faire avec joie et avec grâce tout ce qui dépendait de ses soins pour le soulagement des malades qu'il traitait.»

Michel Sarrazin était non seulement un bon médecin, mais aussi un très grand homme de science. Seul initié à l'histoire naturelle dans un pays où tout était à découvrir, il était d'abord un homme curieux, mais aussi consciencieux et méticuleux. Ses contributions dans l'étude de la zoologie et de la botanique de l'époque sont majeures. Il a fallu longtemps avant que des médecins et des scientifiques du Canada comprennent l'importance de ses découvertes et de son enseignement.

Aujourd'hui, Michel Sarrazin est considéré comme le premier scientifique canadien.

Et cette magnifique fleur des marais, la sarracénie pourpre, nous rappelle la vie exceptionnelle qu'il a menée au 18e siècle.

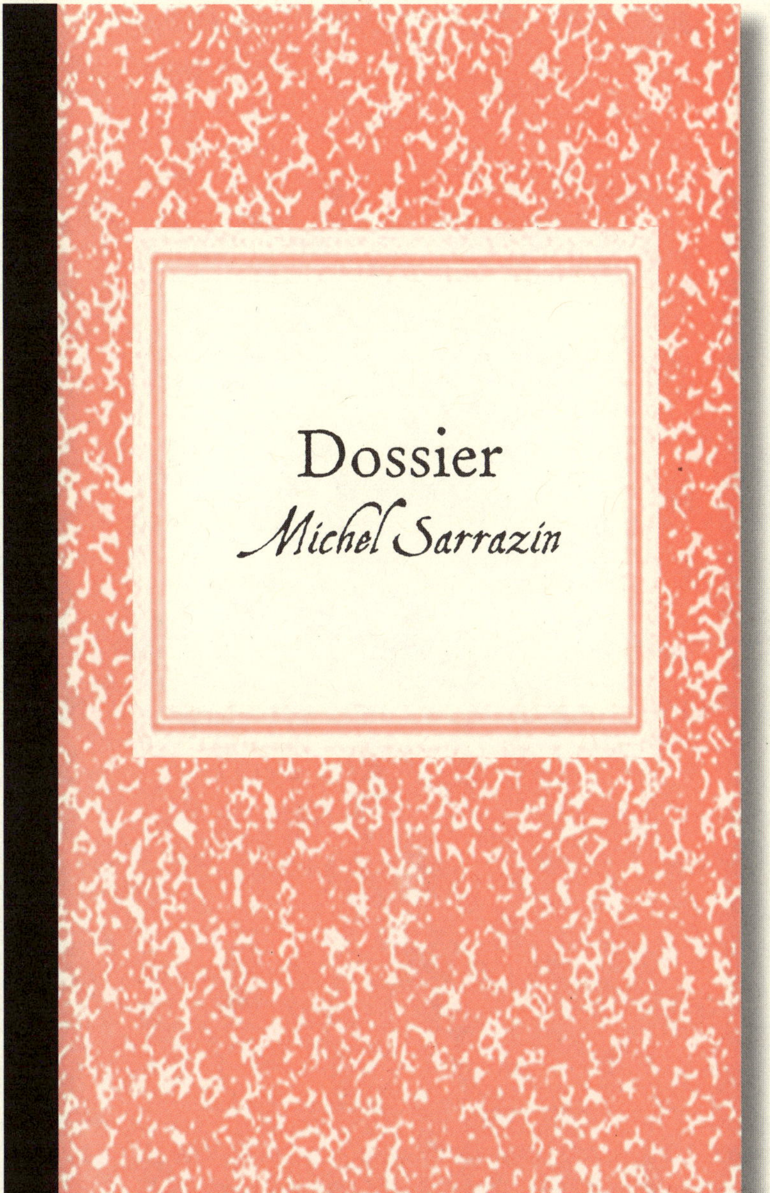
Dossier
Michel Sarrazin

GLOSSAIRE DES MOTS DE L'ÉPOQUE DE MICHEL SARRAZIN

Anatomiste : spécialiste de l'anatomie, l'étude de la structure du corps, soit les os, les muscles et les organes.

Anesthésie : Supression de la sensibilité d'un membre, d'un organe ou du corps entier pour pratiquer une chirurgie sans douleur.

Apothicaire : pharmacien.

Appointements : salaire.

Ardoise : roche schisteuse se divisant en plaques qu'on utilise pour recouvrir les toits ou les planchers.

Autopsie : examen d'un cadavre et des organes dans le but de rechercher les causes de la mort.

Basane : peau de mouton employée pour couvrir des volumes.

Besace : grand sac en tissu.

Bistouri : instrument de chirurgie pour pratiquer des incisions.

Botaniste : spécialiste des végétaux.

Carnivore : qui se nourrit de viande; dans le cas d'une plante : d'insectes.

Cartographe : celui qui dresse des cartes géographiques.

Cèdre blanc : arbre conifère aussi appelé Thuya.

Chirurgien : au XVIIIe siècle, les chirurgiens étaient des barbiers qui maniaient le rasoir.

Contagieux : qui se transmet par le contact, par exemple : des maladies.

Dissection : acte d'ouvrir un corps pour en faire l'analyse.

Épidémie : atteinte simultanée de plusieurs personnes d'une maladie comme la grippe.

Fièvre jaune : typhus.

Gouverneur : personne qui gouverne un territoire au nom du roi.

Guérisseur : charlatan, personne qui prétend avoir la capacité de guérir les malades sans avoir les connaissances médicales.

Herbier : collection de plantes séchées.

Herboriser : recueillir des plantes dans la nature pour les étudier.

Heurtoir : marteau de porte.

Immondices : ordures.

Incurable : maladie dont on ne guérit pas.

Intendant : sous l'ordre du gouverneur, fonctionnaire chargé de l'administration.

Jésuite : membre de la compagnie de Jésus, ordre fondé en 1539.

Latrines : toilettes.

Lavement (ou clystère) : opération qui consiste à injecter un mélange d'eau et de vinaigre qui provoque l'évacuation du contenu intestinal.

Laudanum : médicament à base d'opium.

Masure : maison misérable.

Microscope : instrument d'optique composé de plusieurs lentilles qui permet de voir des objets invisibles à l'œil nu. Le premier microscope fut inventé par Zacharias Janssen en 1595.

Palabre : longue conversation et débat.

Petite vérole : variole.

Portage : action de transporter par voie de terre une embarcation arrêtée par un obstacle.

Purge : médicament vomitif ou laxatif pour vider le contenu de l'estomac.

Quarantaine : isolement imposé pour empêcher la propagation d'une maladie.

Ramancheur : Personne qui, sans être médecin, replaçait les os fracturés ou foulés.

Sage-femme : femme qui donne les soins requis pendant la grossesse et l'accouchement.

Saignée : ouverture d'une veine pour en tirer du sang.

Sauvages : les gens que l'ont appelle aujourd'hui Amérindiens ou les Premières Nations.

Sorbonne : prestigieuse Université de Paris où l'on enseignait la théologie et la médecine.

Tsonnontouans (ou Sénécas) : nation amérindienne occupant les territoires de l'ouest, près des Grands Lacs.

Tuberculose : maladie infectieuse et contagieuse due au bacille de Koch.

QUELQUES CONTEMPORAINS DE MICHEL SARRAZIN

Jean de Bonamour (dates inconnues). Il est le premier médecin arrivé en Nouvelle-France en 1669. Il ne reste que trois ans dans la colonie, avant la venue de Michel Sarrazin.

Jacques-René de Brisay, marquis de Denonville (1637-1710). Gouverneur de la Nouvelle-France de 1685 à 1689.

Gui Crescent Fagon (1638-1718). Médecin et botaniste né à Paris. En 1693, Louis XIV le nomme médecin du roi. Il est partisan des nouvelles idées modernes sur la circulation du sang et s'oppose ainsi à d'autres scientifiques de Paris. Un genre de plantes porte son nom : la fagonia.

Jean-Baptiste-Louis Franquelin (1651-1712). Cartographe né à Saint-Michel de Villebenin (France). Il est le premier cartographe de la Nouvelle-France et nommé hydrographe du roi. Il dessine des dizaines de cartes géographiques de la Nouvelle-France et de la Nouvelle-Angleterre.

François Hazeur (1645-1708). Marchand né à Tours (France). Il devient un des plus éminents hommes d'affaires de Québec, entrepreneur, seigneur et membre du Conseil supérieur. Il connaît cependant certains échecs financiers dans l'industrie du bois, les pêcheries et la traite de Tadoussac, à cause des conditions économiques défavorables à cette époque.

Louis XIV (1638-1715). Roi de France aussi appelé le Roi-Soleil. Il règne sur la France durant 72 ans à partir du château de Versailles. Il développe les arts et la culture et est très favorable aux avancées de la science.

Louis Jolliet (1645-1700). Explorateur né en Nouvelle-France. Il effectue de nombreux voyages d'exploration à travers l'Amérique inconnue. Il est aussi le premier Canadien à étudier la musique en France. On lui doit la découverte du Mississippi et l'exploration de la Baie d'Hudson.

Molière, Jean Baptiste Poquelin (1622-1673). Un des plus grands dramaturges français du XVIIe siècle. Dans ses pièces de théâtre, il dénonce les travers de la bourgeoisie. Deux pièces célèbres, *Le médecin malgré lui* et *Le malade imaginaire*, se moquent de la pratique des médecins de l'époque.

Jacques Raudot (1638-1728) et Antoine-Denis Raudot (1679-1737). Le père et le fils sont co-intendants de la Nouvelle-France de 1705 à 1711.

Antoine Ferchaut de Réaumur (1683-1757). Physicien et naturaliste français né à La Rochelle (France). En 1730, il invente un thermomètre à alcool qui assurera sa renommée. Membre de l'Académie des Sciences de Paris, il étudie le comportement des animaux, ce qu'on appelle l'éthologie. Il écrit de nombreuses études sur les poissons, les oiseaux, les insectes et les végétaux.

Jean Talon (1626-1694). Premier intendant de la Nouvelle-France. Après le Gouverneur, c'est le poste le plus important dans la colonie. Il administre la justice, les finances et le bon fonctionnement de la colonie.

Joseph Pitton de Tournefort (1656-1708). Médecin et botaniste né à Aix-en-Provence (France). Il enseigne la botanique au jardin du roy (1683). Il fait de nombreux voyages à travers l'Europe d'où il rapporte de nombreux spécimens de plantes. Il est le maître de Michel Sarrazin.

Philippe de Rigaud de Vaudreuil (1643-1725). Gouverneur de Montréal de 1698 à 1703, puis Gouverneur de la Nouvelle-France de 1703 à 1725.

Monseigneur de Saint-Vallier (1653 - 1727). Deuxième évêque de Québec et fondateur de l'Hôpital général de Québec.

Il est en poste de 1687 à 1727. Très rigide, il n'admet pas les écarts de conduite.

Pierre Le Moyne d'Iberville (1661 - 1706). Marin et explorateur français né à Montréal.

Louis de Buade, comte de Frontenac (1622 - 1698). Gouverneur de la Nouvelle-France de 1672 à 1682, puis de 1689 à 1698.

Marcello Malpighi (1628 - 1694). Italien, le premier scientifique à utiliser le microscope pour observer les tissus humains.

William Harvey (1578 - 1657). Médecin anglais. Il a élucidé le mécanisme de la circulation sanguine en 1628.

QUELQUES REPÈRES CHRONOLOGIQUES

1659 : le 5 septembre, naissance de Michel Sarrazin à Nuits-sous-Beaune dans la région de Bourgogne en France.

1661 : Début du règne de Louis XIV en France.

1675 : Michel Sarrazin fait ses études secondaires. Il s'intéresse à la botanique.

1685 : Arrivée de Michel Sarrazin en Nouvelle-France avec le titre de chirurgien de la marine.

1687: Michel Sarrazin participe à l'expédition organisée par le gouverneur Denonville contre les Tsonnontouans.

1690 : Michel Sarrazin tombe malade et se retire au séminaire de Montréal.

1694 : Michel Sarrazin part à Paris pour étudier la médecine au Jardin du Roy.

1697 : Michel Sarrazin obtient son diplôme de médecin à Reims. Il repart au Canada. Il est le seul médecin de la colonie.

1699 : Michel Sarrazin est nommé correspondant de l'Académie royale des sciences. Il envoie des centaines de spécimens de plantes à Paris.

1700 : Michel Sarrazin est officiellement nommé médecin du roi. Il pratique une opération sur une religieuse atteinte du cancer du sein. Épidémie de grippe dans la colonie.

1702 : La sarracénie pourpre est officiellement nommée ainsi en l'honneur de Michel Sarrazin. Épidémie de petite vérole dans la colonie. Près de 3000 morts.

1707 : Michel Sarrazin est nommé membre du Conseil supérieur par le roi.

1708 : Voyage de Michel Sarrazin en France. Il séjourne à Forges-les-Eaux pour faire une cure thermale.

1709 : Épidémie de fièvre jaune dans la colonie.

1710 : Retour de Michel Sarrazin à Québec. Nouvelle épidémie de fièvre jaune dans la colonie.

1712 : Michel Sarrazin épouse Marie-Anne Hazeur, âgée de vingt ans.

1715 : Naissance de Joseph-Michel, le premier enfant de Michel Sarrazin et Marie-Anne Hazeur. Il ira étudier la médecine à Paris en 1731. Il mourra de la petite vérole à l'âge de vingt-quatre ans.

1718 : Naissance de Marie-Jeanne, fille de Michel Sarrazin. Elle deviendra religieuse à l'Hôtel-Dieu. Elle mourra à l'âge de dix-neuf ans.

1718 : *Le journal des savants* de Paris publie *L'histoire du rat d'Amérique*, d'après les travaux de Michel Sarrazin.

1722 : Naissance de Claude-Michel. Il deviendra militaire en France. Il se mariera et aura une fille. Il mourra en 1809.

1723 : Naissance de Charlotte-Louise. Elle se mariera avec Jean-Hippolyte Gaultier de Varennes. Ils auront trois fils et une fille. Elle mourra en 1793. Ce sont les seuls descendants de Michel Sarrazin.

1728 : Michel Sarrazin tente l'exploitation d'une ardoisière à Grand-Étang. Il devra plus tard abandonner cette affaire dans laquelle il perd beaucoup d'argent.

1730 : Publication des études de Sarrazin sur l'érable à sucre dans *L'Histoire de l'Académie des Sciences*.

1734 : Mort de Michel Sarrazin à Québec d'une infection contractée auprès des malades. Il a soixante-quinze ans.

1742 : Le Dr Jean-François Gaultier succède à Michel Sarrazin comme médecin du roi à Québec.

LA MÉDECINE AU 17e SIÈCLE

Le 17e siècle est reconnu comme étant une période charnière dans l'histoire de la médecine. Des découvertes faites à cette époque remettent en question la conception que l'on a du corps humain.

En 1628, William Harvey, un médecin anglais, publie un ouvrage controversé sur la circulation sanguine. Il prétend que le cœur agit comme une pompe et fait circuler le sang dans tout le corps. Des valves agiraient pour contrôler le débit sanguin. C'est la première fois qu'on démontre un trajet aller-retour du sang à partir du cœur. Alors qu'on croyait que le sang circulait goutte à goutte dans les veines, Harvey affirme que le débit du sang est de plusieurs litres par minute.

Depuis quinze siècles, les médecins croyaient aux théories de Galien, un médecin grec de l'Antiquité. Celui-ci affirmait que le sang était créé dans le foie à la suite de la digestion des aliments. Le sang purifié par l'air en provenance des poumons passait ensuite du cœur droit au cœur gauche à travers des pores.

La nouvelle théorie d'Harvey suscite de grandes querelles. Parmi les plus réfractaires, l'École de médecine de Paris reste fidèle aux enseignements anciens et ridiculise même ces nouvelles théories.

C'est en grande partie grâce à Louis XIV, grand défenseur du progrès, que ces nouvelles conceptions sont enfin acceptées et enseignées au Jardin du Roy (aujourd'hui appelé le Jardin des Plantes). C'est d'abord Pierre Dionis, puis Gui Fagon, le nouveau directeur du Jardin, qui enseignent aux futurs médecins ces nouvelles pratiques et les rudiments de la botanique, afin de développer de nouveaux remèdes. L'Académie royale des sciences et son équipe de scientifiques jouent aussi ce rôle. L'Académie compte parmi ses rangs des correspondants partout dans le monde ; ceux-ci font parvenir des spécimens de plantes et d'animaux en plus d'effectuer de nombreuses observations sur le terrain qui contribuent à faire avancer les connaissances.

COMMENT SOIGNAIT-ON LES MALADES ?

Surtout pas d'eau !

Les médecins affirmaient que les maladies s'attrapaient par les miasmes (aujourd'hui on dirait les microbes) contenus dans l'air, qui pénétraient dans le corps par la peau. L'eau, surtout l'eau chaude, était considérée néfaste, car elle ouvrait les pores de la peau et pouvait laisser pénétrer les miasmes. On se lavait donc très peu souvent, seulement le visage et les mains. Les gens se parfumaient pour masquer les odeurs et poudraient leurs cheveux ou se coiffaient de perruques pour cacher leurs cheveux gras.

La saignée, les lavements et les purges

Les médecins de l'époque croyaient en la théorie des humeurs. Selon eux, le corps humain était composé de quatre fluides : le sang, la lymphe, la bile jaune et la bile noire. Une maladie était la conséquence d'un déséquilibre interne entre ces fluides. Les médecins administraient des lavements pour vider l'intestin, des purges ou des vomitifs sous forme de plantes médicinales qui avaient pour but de débarrasser le corps de ses humeurs. L'ultime traitement était la saignée, qu'on pratiquait à l'aide d'un petit instrument muni d'une lame plate et pointue appelé lancette. Le médecin recueillait le sang dans des écuelles métalliques puis il observait son contenu pour déterminer l'état de santé du patient. On la pratiquait même chez les enfants et à titre préventif.

Les ventouses

Le médecin apposait un pot de verre chauffé sur la peau. La chaleur faisait augmenter la circulation sanguine et un vide se créait dans le pot. Le « mauvais sang » qui parvenait à la surface était donc éliminé des zones plus profondes, là où se situait la maladie. La peau devenait très rouge. On appliquait parfois des sangsues sur les plaies pour qu'elles sucent le sang et le nettoient.

Les hôpitaux

C'est Louis XIV qui décida de créer des hôpitaux dans les grandes villes de France pour héberger les mendiants, les invalides et les prostituées. En Nouvelle-France, le premier hôpital, l'Hôtel-Dieu de Québec, fut fondé en 1639 et administré par les sœurs Hospitalières. En 1642, Jeanne Mance fonda l'Hôtel-Dieu de Montréal. Les religieuses étaient dévouées aux traitements et aux soins des malades et des blessés.

Des hôpitaux généraux furent aussi construits pour s'occuper des mendiants, des vieillards abandonnés, des handicapés ou des «fous». On s'en servait aussi pour enfermer des prostituées ou des femmes de mauvaise réputation.

Les religieuses infirmières* s'occupaient des patients dans les hôpitaux. Le médecin venait chaque semaine faire des visites et les conseiller sur la médication et les soins à apporter.

Les apothicaires* furent les premiers pharmaciens. Ils préparaient et distribuaient les médicaments. Comme il y avait peu de médecins ou de chirurgiens bien formés, dans les campagnes, on faisait souvent appel aux guérisseurs* et aux ramancheurs*. Les sages-femmes assuraient les accouchements à domicile.

Les maladies courantes en Nouvelle-France

À bord des bateaux qui entreprenaient de longs voyages en mer entre la France et le Nouveau Monde, les conditions étaient difficiles. En plus du peu de confort, les équipages et les passagers devaient se contenter de poisson, de viandes salées et de biscuits de mer, des galettes de pain sec, qui se conservent longtemps. Il n'y avait aucun légume ou fruit frais à bord et les voyageurs manquaient cruellement de vitamines. Lorsque Jacques Cartier passa un premier hiver en Nouvelle-France en 1534, la majorité de son équipage succomba au scorbut, une maladie des gencives causée par le manque de vitamine C.

Les bateaux qui arrivaient d'Europe transportaient des personnes et des bêtes qui apportaient avec eux des souches infectieuses comme le choléra, la grippe ou la rougeole. Les Amérindiens furent eux aussi infectés par ces maladies.

Au Canada, la première épidémie d'importance fut celle de la « fièvre pourpre » qui frappa en 1687. Cette maladie contagieuse meurtrière, appelée aussi « fièvre des navires », reviendra régulièrement par la suite. Elle proliférait particulièrement dans les endroits où on manquait d'hygiène, sur les bateaux, dans les prisons et sur les champs de bataille. L'épidémie qui sévissait le plus souvent et le plus durement dans le Canada du 18e siècle était la variole ou « petite vérole ». La première fois, en 1702 et 1703, elle tua près de 2000 personnes. Aucun remède n'existe encore aujourd'hui pour guérir cette maladie, mais un vaccin l'a officiellement éradiquée.

À cause des rigueurs du climat et des mauvaises conditions sanitaires, de nombreuses personnes souffraient de maladies pulmonaires comme la tuberculose. Malgré cela, le Canada était réputé pour avoir un climat sain, favorable à la bonne santé de la population. Les longs hivers limitaient l'éclosion et la propagation de nombreuses maladies, bien plus fréquentes dans les climats humides du sud.

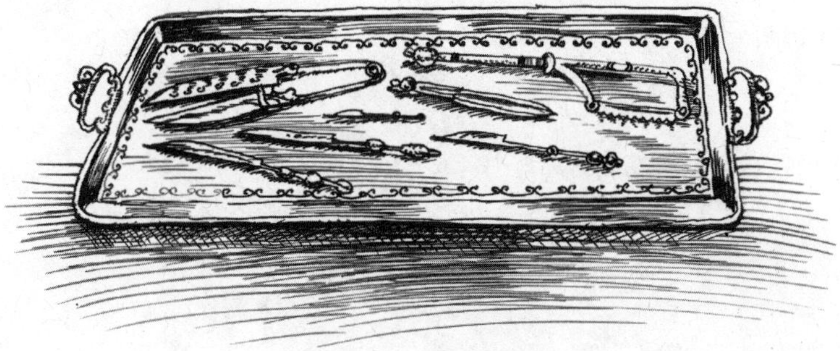

LA MÉMOIRE DE MICHEL SARRAZIN

Le Prix Michel-Sarrazin est remis annuellement à un scientifique québécois chevronné qui, par son dynamisme et sa productivité, a contribué de façon importante à l'avancement de la recherche biomédicale. Le prix est décerné par le Club de Recherches Cliniques du Québec.

http://crcq.crc.chus.qc.ca/index.aspx?uc=41

Un autre prix Sarrazin est décerné par la Société canadienne de physiologie (Canadian Physiological Society) depuis 1976 en mémoire du premier physiologiste du Canada.

http://www.cpsscp.ca

La Maison Michel-Sarrazin est un centre de soins palliatifs situé à Québec. Depuis 1985, cette maison accueille des personnes atteintes de cancer qui y terminent leurs jours. Du personnel offre des soins aux malades en fin de vie et un soutien aux familles.

Le pavillon Michel-Sarrazin est un bâtiment situé sur le campus de l'Université du Québec à Trois-Rivières.

Une **plaque commémorative** en hommage à Michel Sarrazin est située à l'entrée de l'Hôtel-Dieu de Québec sur la Côte du Palais. À proximité, on retrouve aussi ***La Fresque de l'Hôtel-Dieu de Québec***. Cette peinture située à l'extérieur évoque les événements les plus importants de l'histoire du plus ancien hôpital d'Amérique du Nord, l'Hôtel-Dieu de Québec, et rappelle le rôle important joué par Michel Sarrazin.

TABLE DES MATIÈRES

EMMANUELLE BERGERON et CÉCILE GAGNON, auteures

Cécile Gagnon est passionnée d'histoire, celle du Québec en particulier. Elle se désole qu'on en enseigne si peu aux jeunes dans nos écoles. Elle espère que les romans historiques qu'elle a écrits suppléeront à cette lacune.

Cette fois, elle s'est penchée sur un personnage qui lui tient à cœur : Michel Sarrazin, le premier scientifique du pays. Comme elle n'est pas très calée en sciences, elle a demandé de l'aide à sa fille, Emmanuelle, biologiste et journaliste scientifique, pour qu'elle éclaircisse le détail des soins médicaux qu'on recevait au XVIIe siècle. À son tour, Emmanuelle s'est enthousiasmée pour ce qu'elle a appris sur cet homme exceptionnel.

Ce fut pour elles un bonheur de travailler ensemble. Toutes deux sont animées d'une grande aspiration par rapport aux jeunes : valoriser l'étude des sciences pour l'une et inciter à la créativité pour l'autre.

Michel Sarrazin, ce véritable pionnier des sciences en Nouvelle-France, les a séduites toutes les deux.

SYBILINE, illustratrice

L'illustration de la couverture, est une oeuvre de Sybiline, une portraitiste de grand talent dont la carrière est couronnée de nombreux prix.

DANIELA ZEKINA, illustratrice

Riches de détails d'une grande finesse, les illustrations intérieures en noir et blanc ont été réalisées par Daniela Zékina.

Titres parus dans la collection Bonjour l'histoire :

1. **Marie Rollet, mère de la Nouvelle-France**
   de Sonia K. Laflamme
   The year's best2011 list Resource links
   Finaliste au prix Hackmatack 2012-2013

2. **Marie Guyart, Mère Marie de l'Incarnation**
   de Sylvie Roberge

3. **Madeleine De Verchères, la combattante en jupons**
   de Marie Roberge

4. **Jacques Cartier, découvreur du Saint-Laurent**
   de Alain Raimbault

5. **Michel Sarrazin, médecin et botaniste en Nouvelle-France**
   de Emmanuelle Bergeron et Cécile Gagnon

MIXTE
Papier issu de sources responsables
FSC® C100212
www.fsc.org

Papier intérieur 100% post consommation

Achevé d'imprimer
en septembre deux mille douze, sur les presses
de l'imprimerie Gauvin, Gatineau, Québec